La voz del aire
Mariano Valverde Ruiz

Colección Baños del Carmen

Mariano Valverde Ruiz

La voz del aire

EDICIONES VITRUVIO
Colección Baños del Carmen,
nº 1066

www.edicionesvitruvio.com

Primera edición, 2025

© Ediciones Vitruvio
C/ Menorca, nº 44
28009
Madrid
Tlf: 91 573 21 86

ISBN: 979-13-991070-3-6
Nº: 1. 783

La voz del aire

A quienes aman la cultura
en todas sus expresiones
y ven en las palabras
una puerta al conocimiento
del hombre, de la verdad y del mundo.

Hoy es siempre todavía.
Antonio Machado

I
MAR DE PULPÍ

CANTARRANAS

Todos los que escriben poemas
buscan un lugar especial
en el que fluyan las palabras
que dan contenido a sus obras
con toda la verdad de las vivencias
y algo de la ficción que emula al arte.

El hombre que escribe estos versos
cree haber encontrado el paraíso:
un rincón en la costa de Almería
donde la luz compone entre sus dedos
una canción para el futuro
con la memoria del pasado.

Una confluencia de hechos
junto con unos toques singulares
de esa magia del cosmos
que hace realidad lo inexplicable,
han creado el hogar de la luminiscencia.

Está cerrando un círculo con sus propios anhelos
y abriendo su alma al mundo
en un paraje donde las raíces
de quienes fueron sus antepasados
se alimentaron de la tierra,
del esparto, del mar y de sus sueños.

Desde ese puerto idílico, en el espacio de la luz,
viajarán sus palabras por el aire
como el hermoso canto de las ranas
por el silencio de la noche,
las olas que besan la arena
por las ondas del agua,

o los astros del cielo por el espacio ignoto.

Con el paso del tiempo,
las ranas del estanque darán nombre a su casa
y el aire acogerá a sus estrofas
con toda la ternura de una mano de seda,
igual que la memoria dio cobijo
a los humildes sueños de su infancia.

Lo que fue oscuridad será poema
porque desde la sombra siempre se ve la luz
como un milagro de la vida.

LÁGRIMAS DE SAN LORENZO

Está tumbado en una hamaca
con los ojos perdidos en las luces
que matizan la noche con estrellas de trigo
bajo un paisaje iridiscente
de paz y de sosiego.

Sobre el cielo del patio de su casa
cruzan la obscuridad veloces luminiscencias
que señalan los márgenes
donde se acota el tiempo
de un universo imprevisible
para el fuego y la luz.

Las lágrimas de San Lorenzo
decoran el traje del cosmos
con la luz milagrosa del presente soñado,
tienen la consistencia de todos los poemas
que vistieron su alma
para abrigarla en los inviernos
del frío y la ignorancia.

Toman forma los sueños
que las Perseidas donan a la noche
de quienes alargan su vida
con la ilusión de sus anhelos
y la literatura de los siglos.

IDENTIDAD

Una vida de lucha permanente
le ha llevado a vencer la adversidad
y los condicionantes del pasado.

Pero nada cae del cielo
como maná reparador
sin haberlo sembrado,
regado con su sangre y esfuerzo,
alimentado con las lágrimas
de muchos sacrificios,
cuidado con ternura y fortaleza,
recogido los frutos de la tierra
igual que yemas de oro,
sin haber convertido ilusión en esperanza
como el viejo sueño de Ulises,
y lanzado al aire la voz
con toda su verdad
cuando el tiempo dispone la partida
para jugar con el destino
a todo o nada.

Su lugar en el mundo
comienza a ser un espacio
tan leve como su fortuna,
tan azul como su constancia,
tan verde como su esperanza,
tan dorado como el esfuerzo
que le ha permitido crecer desde el silencio
hasta la luz de las palabras,
y tan rojo como la sangre
que se mueve por sus arterias

con la identidad de un superviviente.
Hoy es un hombre libre de ataduras
que agradece a los libros su victoria.

LA CANCIÓN DEL AIRE

Desde el patio de su vivienda
se escucha el croar de las ranas
como una trova monocorde.

El eco se proyecta en las orillas
del estanque que ocupa el centro
de un jardín con motivos japoneses
y puentes de madera sobre el agua.

El canto de las ranas parece estar diluido
en el mismo aire que aproxima
hasta sus sentimientos
el hermoso sonido de las olas
de la cercana playa de Los Nardos,
como un vals para piano y seda.

Percibe los aromas que le llegan
desde el mar como un galanteo
con el que el agua del Mediterráneo
acaricia la costa y el aire.

Nota los flujos de la vida
con los que las praderas de algas
impregnan de energía y de presencia
a la cuna de los misterios
donde crecieron todas las culturas.

Y se pregunta, con cautela,
si podrá componer una canción sencilla
que no disguste al aire,
una canción con alas
para que vuele en los brazos del cosmos
y el croar de las ranas

con la materia de los sueños.

Refugiado en la paz de la conciencia,
intentará acercarse al arpa de Morfeo
para tocar a solas el secreto de los mortales
antes de que los dioses se despierten
e impongan su metáfora del mundo.

BUGANVILLAS

La brisa del Mediterráneo
mece ahora los ramilletes
del arbusto de buganvillas
que decora su nuevo patio
con una fiesta de colores
donde el rosa y el amarillo
besan los azules del cielo.

Esos colores piden la presencia
de los signos que habitan sus recuerdos
para poder hacer el inventario
de un hombre hecho a sí mismo
a partir de una brizna de hierba.

Hasta hace poco tiempo no sabía
por qué le fascinaban
todas las plantas que se mecen
con el duende andaluz
antes de alzarse al cielo.

Hoy siente como suyos
los colores de los geranios,
el aroma profundo del romero,
los sabores de la hierbabuena,
la magia de las buganvillas,
y la esencia misma del aire
con que respira su memoria.

Ya conoce que sus raíces
estaban en la noble tierra
que siempre mima los claveles,
que venían de un tronco
de vieja estirpe campesina

del que creció su tallo
como una hierba silvestre,
que sus pies se curtieron bajo el sol
en el valle que surca la rambla de Nogalte
camino del río Guadalentín,
y que, tras muchos años de aventura,
decidieron ir hasta el mar
para cerrar un círculo con la vida
y abrir otro en el aire.

Sabe de dónde vienen sus ganas de vivir,
su voluntad de arraigo y su sentido estético.
También, el lugar desde donde mirar al cielo.

Escribe sus palabras como unas buganvillas
que unen la tierra con el aire:
son el milagro de las flores
y el capricho de la memoria
en una canción hecha de latidos.

ESCENARIO

El color de las flores enmarca el escenario
donde el ritmo del aire le susurra al oído
una canción antigua con el dolor del tiempo.

El tono de la música que suena en su interior
le cuenta a sus sentidos que ha merecido la pena
luchar a pecho abierto contra la adversidad.

Ese heroico esfuerzo ha hecho posible
que hoy pueda disponer de unos instantes
para honrar el valor de sus raíces
con la fuerza y la voz de sus palabras.

Alza los ojos hacia el horizonte
para implorar al cosmos un poco más de luz
con la que dar al mundo su ejemplo de constancia,
suplica al dios del tiempo un poco más de vida
para poder pensar, escribir lo que siente
y entregar, algún día, su legado al aire.

Mientras, un gorrión mueve el tiempo con sus alas
entre las verdes ramas que alzan las buganvillas
y el misterio del mundo.

Ese gesto del ave reconstruye el pasado,
acerca la verdad hasta el presente
y proyecta en el aire el ritmo de la vida
que crece hacia el futuro como un tallo de hierba
al que aún le queda mucho para tocar el cielo.

ANTEPASADOS

A lo largo de muchos años
mantuvo la curiosidad
por conocer de dónde provenía
su árbol genealógico
y se embarcó en una aventura
de recorrido inverso
hacia un pasado legendario.

Navegó entre datos concretos
y supuestos posibles,
estableciendo conexiones
entre nombres o referencias
del linaje del Valle Verde
que adorna su apellido.

Con ayuda de esos diagramas
fue cruzando montañas,
ríos, valles y campos
de las tierras de Andalucía.
Y soñó con su tierra
mientras iba viajando
entre olores de aceites,
noches de luna llena
y destellos de luz
sobre las sombras de los tiempos.

Sus ancestros también pasaron
por las tierras de Extremadura
con aires de conquistadores,
viejas zamarras en los hombros
y miradas marinas
que orientaban sus sueños
hacia otros mundos.

Antes de ver el mar en Huelva,
habían recorrido
los campos de Castilla,
las tierras de León,
los páramos de Burgos,
los montes de Cantabria
y, tal vez, las cavernas de Altamira.

En viejos galeones
llegaron hasta las Islas Canarias,
y, desde allí, surcaron hacia América,
donde su sangre,
ya curtida en mil lances,
se mezcló con la vida
de una tierra salvaje,
y con la belleza del mundo.

De ese modo pudo entrever
que, a lo largo de los siglos,
los sarmientos del Valle Verde
se habían expandido por el aire
como pequeñas briznas de hierba
que buscaban la luz
para transformarse en raíces
del territorio de los sueños.

EN LAS MANOS

De nada sirve complacerse
por lo que alguna vez hicieron
sus remotos ancestros
si hoy no honra su apellido
convirtiendo en algo posible
que vuelen las palabras
entre los visillos del aire.

Debe hacer que los versos
proyecten su mensaje
en los barrios del mundo,
que viertan su experiencia
en semillas para el futuro
y lleguen a las gentes más humildes.

Tiene que conseguir que su legado
sea enseñanza y ayuda
para quienes luchen por superarse,
que así puedan, en el futuro,
investigar las fuentes del poema
para crear belleza
con las dificultades de la vida.

Él lo sigue intentando
con cada palabra que escribe.
Aún queda mucho por decir
sobre lo que ha sido su vida.
Continúa buscando en cada verso
la distancia más corta
para llegar a la verdad.

Quiere dejar escrito
el legado de un luchador

que nunca se dio por vencido.

Hoy es un hombre maduro
que descansa en la costa de Terreros
con un cuaderno y un lápiz
muy cerca de las manos.

CALLE VIENA

Hay una calle en Mar de Pulpí
donde la luz se duerme con el aire
entre una muselina de oro.

Su suelo de adoquines
con los colores de la tierra
llega desde los montes
del litoral almeriense
y se adentra hasta el mar
buscando el horizonte
donde todos los sueños
trastocan la realidad
con su gasa de luz
y sus dedos de tinta.

Hay una silueta
al extremo de la calle
que parece flotar entre la sombra
de un esbelto ciprés
y la dorada luz del sol poniente.

El hombre del poema
tiene la sensación
de que todos los adoquines
por los que ha transitado
a lo largo de su existencia,
confluyen en la calle
cuyo final se mimetiza
con la luz del Mediterráneo.

Contempla el horizonte
que tiene ante sus ojos
como una inmensa alfombra

extendida al final
de una calle inclinada
hacia el azul marino.

Mira el lugar exacto
donde el cielo es la luz del agua.
Y el agua, un brillante reflejo
del cosmos infinito:
el espacio que un día albergará
el mensaje de sus palabras
y su último aliento.

MEMORIA

Recuerda aquellos años
de inocencia absoluta
en que no conocía nada
de la vida y del mundo,
en los que su ignorancia
le mantenía al margen
del dolor y de la realidad.

Entonces creía que el mundo
terminaba en los montes
que daban frontera a sus ojos.

Vienen hasta su mente
las terribles imágenes
de todas las adversidades
que ha afrontado
para vencer a la miseria,
al dolor sobrehumano,
al frío desconcierto
que provoca la vida
con lo que no se entiende,
a las trampas que halló
en su largo camino
hasta llegar a ser
un hombre con criterio.

Revive los momentos
en los que la existencia
le obligó a decidir
por dónde encaminar
el peso de su sombra
para poder llegar hasta un futuro
donde pudiese ser él mismo.

Entonces no sabía
que al otro lado de su valle,
más allá de los montes
que ahora tiene a su espalda,
había un mirador
hacia el origen de la luz,
un espacio de paz
donde poder hurgar en las costuras
de la historia del mundo.

Y una ventana abierta
a la cuna de la cultura
que hoy alimenta sus pasiones.

SU LUGAR EN EL MUNDO

La luz se eleva sobre el mar,
despierta a los gorriones,
da vida a los cipreses,
color a la fachada de su casa
y ternura a sus sueños.

La memoria le cuenta
todas las veces que deseó
poder encontrar un lugar
que fuese su refugio;
un lugar en el mundo
donde pudiese dar, sin ataduras,
su versión de las cosas;
un lugar en el mundo
donde poder crear
con libertad y con criterio;
un lugar sin fronteras
desde donde donar a los lectores
una brizna de belleza
con el color de sus palabras;
un lugar en el mundo
donde vivir la paz
sin pedir nada a cambio.

Ahora ve posible
poder cumplir su sueño
desde Mar de Pulpí.

Pero, tal vez, ese lugar idílico
que buscaba en la tierra,
solo se encuentre en su interior,
y será la luz de la costa
quien lo exponga a los ojos
de quienes quieran verlo.

II
INTERLUDIO

ATARDECE EN TERREROS

Cuatro luces solares
dan tonalidades *chill out*
a las pequeñas hojas del romero
que crece en su jardín
como fiel testimonio
de la tierra salvaje que se asoma
al balcón del Mediterráneo.

En las esferas de cristal
que protegen la luz
de los misterios de su tiempo,
se mezclan los colores
de las fantasías del mundo
con los reflejos lánguidos
de un atardecer metafísico.

Hay una extraña calma en el aire
que da volumen y templanza
a los instantes de la tarde
que van camino del crepúsculo.

El tiempo ya posee
esa misma serenidad
que inunda su interior de orgullo
por el deber cumplido
después de muchos años
de lucha permanente.

Al igual que la tarde,
su vida está acercándose
a ese tiempo enigmático
donde las luces y las sombras
entrecruzan sus brazos

para estrechar el cerco a la existencia.

Y, por eso, su tiempo es de oro
como la luz del cielo
cuando nace en un nuevo día
que puede ser el último.

Le quedan muchas cosas por hacer
y busca, en los reflejos de las luces
sobre las hojas del romero,
toda la energía del cosmos
para poder seguir creando
mientras las fuerzas no le falten.

EL AVE DEL CREPÚSCULO

La tarde se derrama
como jugo cromático
de una fruta celeste.

Entre tanto,
una gaviota cruza el cielo
camino de la costa
como un poema en vuelo
que buscase refugio
entre las comisuras
del aire vespertino
y el relieve del cabo
donde se alzan los muros
del castillo dorado de Terreros.

Esa gaviota del crepúsculo
se lleva con su vuelo
los tonos de las luces,
el pausado misterio de la tarde,
la opacidad del tiempo,
los años de lucha silente,
la verdad de su vida.

También se lleva su alma
y la metafísica del poema
que escribe entre las hojas del romero
como un legado al mundo.

EL MIRADOR DE LA ENTREVISTA

Está acomodado en un banco
del mirador de La Entrevista
igual que un vigía del tiempo.

Tiene frente a sus ojos
la alfombra azul del mar Mediterráneo
y el horizonte del espacio
donde la luz toma significado.

Apenas hay una leve brisa
acariciando el agua
como lo hicieron los barcos de madera
en la lejana antigüedad
del Mar de las Culturas.

Su mente se traslada a otros tiempos
para observar, en ese mismo azul,
los veleros fenicios,
cartagineses o romanos,
los invasores del Medievo
con turbantes de arena,
y las hordas piratas
que comerciaban con la vida
en los siglos pasados.

Imagina el color de los escudos
que portaban los hombres
que surcaron las aguas de esta costa
camino de las poblaciones ribereñas
para adueñarse de su luz.

Piensa en las expresiones de los rostros
de quienes defendieron

la belleza de este lugar
y su propio alimento
a cambio de sus vidas.

Observa el horizonte
mientras brilla en sus ojos
la certeza absoluta
de que estas aguas atesoran
la esencia de la Antigüedad,
la verdad del esfuerzo,
el valor de la vida
y el espejo del cosmos
donde se nutre la cultura.

UNA MIRADA AL AZUL

Cuando mira hacia el mar
parece transformarse
en otro hombre:
se sintiese en paz
con la belleza del paisaje,
con todos los aromas
de las plantas del horizonte
que acompañan a sus recuerdos
hasta fundirse en el Mediterráneo.

Por su mirada
no pasa el tiempo
con la secuencia de una vida
llena de sacrificios.

Tan solo
se mezclan los recuerdos,
de lo que fue
y de lo que pudo ser,
con la metafísica del espacio.

Mientras el azul se oculta,
la luz del mar busca su nombre
entre los reflejos del aire.

A LA ORILLA DEL MAR

El aire acaricia la arena
con la misma ternura
con la que mesa sus cabellos.

Pasea por la orilla de la costa
con la templanza bajo el brazo
y la memoria en la mirada.

Observa las espumas de las olas
y sus lenguas de cisne
recostándose entre las piedras
como delicados amantes.

Distrae a su imaginación
construyendo galaxias
con los blancos dibujos
que dejan los salitres
en el rostro salvaje de la tierra.

Permite que se pierda su mirada
entre las ramificaciones
de los arbustos
como un argonauta del tiempo,
que camine buscando a los insectos
igual que lo hacía en su infancia
para buscar entre las zarzas
una oportunidad para la vida.

UN DÍA DE OTOÑO

Recuerda un día de noviembre
muchos años atrás,
en el que, en el mismo lugar
donde ahora descansa,
observaba las olas
asociando su movimiento
a la fuente de la energía
que aún necesitaba
para seguir luchando.

Y mira hacia el azul
para dibujar entre sus tonalidades
un universo propio
con los sueños de entonces.

Todo confluye con la calma
que generan el aire,
el pulso de su corazón,
los caprichos de la memoria,
la dinámica de las cosas
y la armonía del paisaje.

Todo está en su sitio
como en una canción
que armonizase el aire
a lo largo del tiempo.

El azul de las aguas,
la arena de la costa,
los salitres de estrellas,
los lunares de arbustos,
la orilla del camino
y la paz, le acompañan.

A pesar de todo eso,
los esfuerzos de su existencia
y los insectos de las zarzas,
parecen susurrarle
al tiempo ya vivido
que la bondad y la templanza
han vencido a todas las adversidades
de una vida sin tregua.

CABAÑA DE SOCORRISTAS

El viento de levante alza las olas
que llegan a la orilla de la playa
igual que un pastel de merengue
erizado por la existencia
y la virtud del aire.

Está sentado sobre las maderas
que hay al pie de la cabaña
donde los socorristas
mantienen las mañanas del verano
con banderas azules
y consejos de arena.

Intenta poner su atención
entre las ondas de la espuma,
y sus ojos se pierden en el blanco
de las profundidades más remotas
donde viven las dudas
sobre el origen de los hombres.

Se pregunta si el mar
es el origen de la vida
que conocemos en la Tierra,
si es nuestra cuna
y nuestra última morada.

En el puesto de socorristas
no hay nadie que le ayude
a resolver sus dudas.
Está solo frente al enigma
que la ciencia no le demuestra
con certeza absoluta,
y la fe no le aclara, sin secreto.

La vida le ha enseñado
a ser escéptico
para no ahogarse en las sombras
que provoca la ignorancia
y la ceguera del alma.

Así debe seguir
durante el resto de su tiempo:
cuestionándose la verdad,
agarrándose a su intuición
como a una madera vetusta
para poder seguir a flote
en el mar de la vida,
por si no hay socorristas en la costa
que le salven de su inocencia.

UNA TARDE GRIS

Octubre va dejando
caer las hojas de los días
en el cesto del calendario
igual que las nubes de otoño
derraman esas gotas de agua
que necesita la tierra
para que destellen las luces
en los romeros y en los nardos.

La luz atraviesa las nubes
y maquilla la arena
con el color de la nostalgia
en una tarde gris, de claroscuros,
que parece rendirse a los recuerdos.

Hay una templanza triste
que armoniza el paisaje
con los colores del misterio
en las hojas de las plantas silvestres.

La edad de la memoria
crece en la mirada de su alma
y sobre la energía creadora
de toda la naturaleza
que duerme en los arbustos.

Su vida también es otro otoño
que ya ha dejado en la tierra
el furor del verano
y su savia energética.

Y como el olmo viejo
del que hablada Machado,

el hombre del poema
ya no espera un milagro
de primavera: un brote verde
que le salve del fuego,
sino un tranquilo otoño
donde fluyan sus versos.

JUNTO A LOS ARBUSTOS

Los colores de su existencia
ya han cambiado
las tonalidades de los días
igual que lo han hecho
los arbustos silvestres
que matizan la playa
con sus brazos al aire.

Su luz añora los destellos
de la juventud perdida.
También las ilusiones
de una madurez esforzada
que ya es parte del pasado.

Los años han quemado
las esperanzas ya perdidas
o los sueños nunca cumplidos,
porque la terca realidad
no le ha dejado
una licencia poética
con la que alterar el destino.

Sin embargo,
aún conserva esa alegría
que ofrecen los sentidos
cuando permiten escuchar
el murmullo del tiempo
entre las rocas y sobre la arena
como un bálsamo milagroso.

Ahora, su luz y la del otoño,
van dejando caer los días
en un cesto sin red

donde desaparece la memoria
de todo cuanto fue
igual que las nubes del cielo
borran el horizonte
cuando llega la noche más profunda
y su límite insalvable.

DESDE EL JARDÍN ROMANO

La mañana posee la ternura
de un sol tibio y sereno
que acaricia el paisaje
donde descansan los jardines
con motivos romanos
cerca del laberinto de cipreses.

Hoy no va a contemplar
los almendros en flor que trae enero
con sus últimos días,
ni va a observar el color blanco
que reviste sus pétalos
con el símbolo de la paz,
ni va a mirar los brotes nuevos
con que el tiempo regala
la luz de la pureza
al árbol que nutrió su infancia
con la textura de sus frutos.

Hoy no se siente con la fuerza necesaria
para asumir el sufrimiento
que la vida le puso por delante,
ni va a hurgar en las raíces
del dolor que ha sentido,
ni siquiera va a mostrar su orgullo
por haber resistido a las tormentas
de la voracidad del tiempo.

Hoy, tan solo quiere pedir
a su imaginación
que haga crecer, en una tierra virgen,
la semilla perenne de un almendro
del que nazca la luz

como una fuente iridiscente
con los colores de la vida.

Hoy quiere alimentar ese almendro
con la fuerza de sus palabras
para que de sus brotes
nazca una flor poética
con la bondad de la esperanza
para todos los hombres.

Y dejará para otros
la recolecta de sus frutos,
para que sirvan de alimento
a quienes aman la belleza.

III
MOMENTOS

MIENTRAS SIGA VIVO

La edad del corazón
crece dentro de sus arterias
y le dota del fuego
que mantiene su vida
con el calor preciso
para conservar la templanza
con la que afronta cada reto
en la aventura diaria.

Busca en todas las cosas
una luz creativa
que le ayude a entender
las costuras del mundo
y los entresijos de su alma.

Aún no intuye
que esa luz le cegará
antes de que conozca
a quien le escribe
lo que siempre ha sentido
en las páginas de su vida.

Muy dentro de su cuerpo
hay un minúsculo latido
que va dictando su verdad
y recogiendo lo que piensa
en una carta dirigida
al corazón del poema.

Y mientras siga vivo
intentará saber de qué está hecho
el corazón que le alimenta
para sorprenderle cada mañana
con el sabor de un nuevo fruto.

EL MILAGRO DE LAS LETRAS

Le deslumbra la luz
de una pequeña lámpara
que usa para leer
fragmentos de poemas
o restos de la vida
de quienes entregaron sus miradas
a la inmensidad de lo nimio.

Vuelve a leer con calma
esas estrofas nutritivas
que anidan entre libros
con los nombres gastados
de Bukosqui o Neruda,
o desconocidos como Li Po,
o de cualquier poeta ya olvidado
que aporte luz a la belleza.

Descubre en esas páginas
un amor tan vibrante
como la luz del fuego
que late en su interior
dando sentido a su existencia.

Y disfruta con la lectura
como un enamorado de las letras
que diese gracias a sus ojos
por todo lo que ve su mente.

Ya sabe que el misterio
de los versos escritos
le ha salvado la vida,
y que amará sus formas
mientras haya luz en sus ojos

para poder mirar
las imágenes que proyectan
los duendes de las sombras
dentro de las palabras.

INEFABLE

Cuando escribe un poema,
trata de hallar el nombre de las cosas
que se ocultan tras lo que vemos:
lo que se intuye,
lo que mantiene el aire transparente,
la pureza del agua,
la intención de los ojos que nos miran,
la verdad que destila
una lágrima mientras cae,
una mínima parte del silencio…

Cuando escribe un poema,
trata de descubrir
la esencia del ser libre,
la luz de la nostalgia,
la plenitud del fuego
y su virtud transformadora,
la esperanza que hay
más allá de la muerte…

Cuando escribe un poema,
intenta descifrar
la metafísica del cosmos
y la angustia del hombre
que se sabe indefenso;
intenta atrapar
un momento entre palabras
con esa dimensión de lo inefable
que posee el misterio.

Siempre lo ha dicho:
cuando se escribe poesía
hay que ir más allá de lo que vemos

para buscar el nombre de las cosas
en el ritmo del aire
y en los latidos del silencio.

ANOTACIONES

Escribe en su cuaderno
que ha vivido luchando
porque hay un espacio en su memoria
que le da conciencia del tiempo
que tienen sus heridas.

Hoy establece una alianza
entre recuerdos confesables
y sucesos dramáticos
que le permita abrirse
para poder contarlo todo
sin que la oscuridad sea completa
en torno a sus palabras.

Traza una línea en el papel
y separa lo viejo de lo nuevo
para que los recuerdos más oscuros
no oculten el camino
que ha trazado su vida
hasta el lugar donde se encuentran
su bondad y su amor.

Se pregunta si vivir era aquello
que tras los años ha quedado
en la memoria o en el olvido.
Esa duda es una amenaza
para el sentido de la vida,
un caballo de Troya
que se instala en su mente
como un gran batallón de enigmas.

Pero la vida siempre está por comenzar
a pesar de su sufrimiento.

Por eso, ve en cada instante
una nueva oportunidad
para construir belleza,
una nube de hechizos
que se alza sobre el mundo,
la mirada de Aquiles
al cuerpo de su amada,
los suspiros de Helena
por un amor prohibido,
el tacto de un cuaderno
que acaricia las emociones,
y el sabor agridulce
de las manzanas rojas.

UN ACTO DE VALENTÍA

Escribir lo que piensa puede ser peligroso
para alguien como él,
tanto como exponerse a la intemperie
sin protección alguna
y adentrarse con los ojos vendados
en una oscuridad de la que no hay salida
más allá de la muerte.

Pero para quien busca su reino
en aquello que aún no conoce,
adentrarse en la noche
con esas credenciales de inocente
que avalan la imprudencia,
también es un hermoso reto.

La dictadura de los tiempos
no entiende de misericordias,
ni de lágrimas que contengan
la dimensión de una derrota
que comience a firmarse
antes de haber luchado.

No hay más vida que la que se tiene
para poder ser digno
y llamar a las cosas por su nombre.

La vida de todos está al servicio
de unos pocos.
Lo que interesa a esos pocos
se convierte en verdad
para quienes están desinformados.
La muerte impone su condena
en el territorio que ocupa

lo que interesa.
Somos observadores sin conciencia,
o cómplices de la partida,
o súbditos del infortunio.

De nada sirve no ser uno mismo
para procurar evadirse
de ese destino inexorable
que a todos nos espera;
de nada sirve
vivir como un conejo asustadizo
que huye de la verdad:
de esa terca mecánica
que detendrá su tiempo para siempre.

Se reviste de valentía
para defender la palabra
en todos los conflictos de los hombres.
Confía en que la paz y la cordura
se impongan ante la barbarie.
Pero aún piensa lo que escribe
cuando habla de la guerra
para no tener miedo
cuando llegue su muerte.

UNA TARDE CUALQUIERA

Los remos de su barco acarician el agua
buscando en la luz su destino
como lo hace el mar tras el horizonte.

Con cada nuevo impulso para mover los remos
toma aire y busca una palabra
que navegue las olas igual que sus proyectos
en el devenir de los días.

Desea que se cumpla al menos uno de ellos:
el que permanece en la lista de irrenunciables
desde hace muchos años.

Busca los nexos que unen sus palabras
con la ambigua textura de la realidad.

Traza coordenadas sobre un mapa de luz
y marca el rumbo de su barco.

Desea descubrir las claves del presente
que a menudo se ocultan
entre el polvo de sus latidos
y la dinámica del tiempo
para no perder la mirada
que busca la verdad en cada gesto.

Se siente complacido
con mirar la luz de la tarde
sobre el Mediterráneo,
con ver el espejo del cosmos
que transforma el horizonte
en crisol de reflejos,
y con poder acariciar el agua

cuando su mano peina el oleaje.

Se adentra en el mar
mientras un viento de ilusión
empuja la popa de su barco
como una canción de Pink Floyd
que fuese derribando los muros del silencio.

Y como cualquier tarde,
cierra lentamente los ojos
para mirar con claridad
el color de todas las cosas.

COMO ULISES

Cuando el viento aúlla
como un perro salvaje
sobre las velas de su barco,
no hay otro navegante que le iguale
en valor y entereza.

Sujeta con fuerza el timón
que guía su destino
hacia su soñada Ítaca
mientras todos los vientos
golpean la vela mayor
que empuja su alma.

Confía en que el mástil aguante
las embestidas del infierno
y se enfrenta a la tempestad
con la fuerza de un héroe
que mantiene el rumbo
siempre hacia el puerto
que da nombre a su verdad.

Mientras sigue en la lucha
como un esforzado
héroe de leyenda que no teme
a las burlas de Homero,
intenta comprender
lo que debió sentir Ulises
en el mar Jónico
cuando todo iba en contra
de sus sueños.

Ese ejemplo de entrega y sacrificio
para conseguir su lugar

en las orillas del Egeo,
le salva del naufragio,
de la derrota,
de la triste experiencia
que aflige al perdedor.

Igual que Ulises,
sabe que, al final de la lucha,
la bondad siempre llega a puerto
y lo que era silencio,
lejanía e incomprensión,
se diluye entre ramos de laureles
con el signo de la victoria
sobre los corazones que lo esperan.

UNA IMAGEN DE OTRO TIEMPO

Observa cómo juegan unos niños
en el parque infantil
que hay junto al paseo de la costa.
Son cascabeles de alegría
que matizan la tarde
con el sonido azul de la inocencia.

Aparece en su mente
una imagen perdida en otro tiempo
que se abre paso con la luz
que dejan las cortinas del aire.

Recuerda aquel niño ignorante
que se asomaba, siempre con asombro,
a las letras que explicaban las cosas
que no entendía de su mundo.

Como ejercicios de palabras
que jugaban a buscarse entre sombras,
escribía en el aire de la tarde
sus primeros poemas.
Y se perdía entre las nubes
como quien busca tras los viejos visillos
toda la arquitectura que compone esta tierra.

Buscaba en las palabras todo el mar conocido,
era viento en las olas, silueta de la espuma,
marea y mar de fondo
en las aguas de su imaginación.

Sus sueños eran dulces
como los labios del azúcar,
mientras su realidad era una losa de miseria

tan dura como el mármol
que señala la muerte,
irremediablemente eterna.

A pesar del paso del tiempo,
todavía se reconoce en aquel niño solitario
que alargaba la tarde,
la longitud de sus latidos
y el ritmo de sus versos,
para que confluyesen,
en la luz remansada del crepúsculo,
con todos sus anhelos.

Ahora se queda ensimismado
en aquella imagen lejana
de su triste infancia,
e imagina que pudiese jugar
en un parque sin tiempo
con la alegría y la inocencia
con que lo hacen los niños
en el paseo de la costa:
un milagro solo posible
para cuantos lo tienen todo
y son humildes durante su vida.

FRENTE A MAR SERENA

La inmensidad del mar
escribe su color
en los ojos de un hombre
con alas en la mente
que mira sin reservas
a la belleza del relieve.

Y sobre la roca del Pichirichi
una vieja nostalgia abraza el paisaje
de un alma voladora.

El aire fluye
alrededor del cuerpo
con la serenidad de la experiencia
y el tono realista de las cosas.

No hay más opción que el pragmatismo
para alcanzar la dignidad
de una vida ordenada.

Ha de vivir luchando
para seguir alzando la mirada
con los pies en la tierra
sin apiadarse de sí mismo.

Ahora debe conformarse
con ver el azul del Mediterráneo
y notar cómo cura sus heridas,
con escuchar el aire
ronroneándole a las olas,
e intentar que cada minuto
no sea sustancia de un sueño
ya irrealizable,

sino un milagro de la vida
que deje huella en la realidad.

A lo lejos,
el viento acaricia las ramas
de los arbustos de la costa
con la música de los sueños.

EN PLAYA RABIOSA

Cuando mira la mar arrebolada
siente una extraña asociación
con el gesto cambiante
de la naturaleza de las aguas
y del relieve de la costa.

A veces se ha sentido fuerte,
igual que una colina expuesta al aire
y a los rigores del tiempo
que mantiene su esencia
a pesar de la lenta erosión,
o firme como un mástil
que estuviese siempre en su sitio
para demostrar su valor
frente a la tempestad.

En otras ocasiones,
ha evidenciado la debilidad
del hombre que se siente exhausto
por luchar sin cuartel
en la tierra de las dificultades.
En esos momentos difíciles
se ha comportado como el mimbre
del árbol expuesto a merced del aire,
con todos los frentes abiertos
y sin tregua posible, en lucha permanente
contra las inclemencias de la vida.

Siempre se ha adaptado a los tiempos
sacando de donde no había,
superando lo insuperable,
convirtiendo en virtud
la flaqueza de un luchador,

o templando su ánimo
para intentar vencer en otro día.

En la vida como en la mar,
todo cambia hacia otra forma,
hacia otro sentido de la realidad,
hacia otra dimensión de las cosas.

Y lo hace en cualquier instante
desde el todo a la nada,
desde la nada al todo,
igual que una ola vespertina
o un puñado de arena
cambian su presencia en el mundo
sin que nadie pueda evitarlo.

ROCA Y TIEMPO

Cerca de los acantilados
que hay a las faldas del castillo
que vigila Terreros,
hay una roca erosionada
en la que el tiempo ha jugado
a cambiar su relieve.

Sentado en esa roca
que parece poseer toda la magia
que el aire de los siglos
ha cincelado en su relieve,
un hombre se pregunta
por todo lo que haría
si fuese el propietario
del poder que domina el universo.

Si pudiera elevarse
por encima de su figura,
treparía por una escala
hecha de días y de noches
hasta el confín del cosmos
para cambiar los hechos
que han marcado su existencia.

Y si también pudiese
cambiar aquel entorno
que le obligó a crecer antes de tiempo
y a afrontar lo que no comprendía
cuando aún era un niño inocente,
lo haría sin renunciar a lo que es,
sabiendo que el tiempo
erosiona el relieve
igual que las vivencias

condicionan las formas de las almas.

Todo habría sido distinto,
pero, probablemente,
hoy no fuese el mismo hombre
que es capaz de hacer con su dolor
un salmo de esperanza
para otras personas que sufren
en cualquier rincón de la Tierra.

LA DIRECCIÓN DE LOS VIENTOS

Los vientos cambian a menudo
de forma imprevisible.
A veces soplan a favor, otras en contra.
A veces son una brisa agradable
y otras son el preludio
de una brusca tormenta.
A veces facilitan el camino
y otras son casi un muro infranqueable.

La dirección del viento
influye en la musculatura
que le mantiene en pie,
pero si los vientos del tiempo
hubiesen sido más propicios
a crear un entorno menos duro
no habría sido un luchador,
un hombre hecho a sí mismo
como única verdad posible.

Por eso, puede abrir otro pasado
porque ha conseguido
la llave de los mundos paralelos,
para viajar en el tiempo
hasta su tierra en los años sesenta.

Allí volverá a escuchar
la música del viento
entre los visillos de la tarde,
el aleteo de los gorriones
entre las ramas y los frutos
de los almendros de su infancia,
o el sonido del silencio
como un milagro del pasado
que vuelve de otra forma.

IV
PANORÁMICAS

ELOGIO DEL BALADRE

La vida es la que toca en suerte.
A pesar del dolor y del esfuerzo
que le han robado tantas cosas
que jamás volverán a repetirse,
hay momentos que nunca cambiaría
y de los que se siente satisfecho.

No puede cambiar su naturaleza
como tampoco puede hacerlo
la planta que observa junto al camino.
Cuando la mira ve en sus hojas
el perenne color de la esperanza
y en su lisa corteza, los colores grisáceos
que le ha otorgado la vida.

Abre sus manos. Mira las estrías
que recorren su piel como tallos enjutos
de la planta silvestre
que reta al aire con su ritmo.

Mira sus flores como quien busca las estrellas
en el rosa laurel que decora las ramas
más alejadas de la tierra,
o de quien encuentra el silencio
en los blancos sulfúreos
de las flores vencidas hacia el suelo.

Algo en su interior se asemeja
a la raíz desnuda del baladre
y a los designios de la vida.
Hay una aparente fragilidad
en las hojas lanceoladas
de esta planta silvestre

que hace temer por su fortaleza.

Y, sin embargo, nada es similar
a lo que se mueve dentro de su alma.

Igual que el sufrido baladre
no elige la vida que le ha tocado,
el hombre que lo observa
no tiene la llave de su futuro.
Tan solo posee la fortaleza
que hay en su corazón.
Allí reina la confianza en sí mismo
y su voluntad de victoria
ante todos los retos de la vida.

UNO DE ENERO

Cada primero de año busca calladamente
la presencia del mar y su azul bondadoso
para mirar con luz hacia el futuro.

Sus aguas mojan el silencio
con el que planifica sus objetivos
y lo impregnan de paz y de templanza
para poder realizarlos.

Siente en el agua el germen creativo,
su espíritu de sal benefactora
y la caricia de las olas
sobre la piel curtida por los años.

La energía del mar fluye por dentro
de su alma como luz celeste
que porta la azulada brisa de la palabra,
le libera del miedo y del cansancio,
de la ceguera que supone
estar preso de la ignorancia.

Imagina lo que pudo pensar
Borges de su tiempo futuro
cuando se le escapaba la vida por los ojos
y una víbora negra le atenazaba el cuello
con un lazo de escamas misteriosas
hasta diluir la imagen de su vida.

Quizá maldijo su ceguera
por no poder captar todos los tonos
del color del mar que escuchaba,
o tal vez suplicó a las fuerzas del cosmos
un poco más de tiempo para poder construir

un mar a su medida,
para poder decorar a su modo
un paisaje interior
que acercase la luz de la entelequia
a las tonalidades de su imaginación.

Él busca su futuro en el presente
como Borges la luz desde la sombra,
o el mar su color en el cielo.

Vive el primer día del año
reflexionando sobre su camino,
con la esperanza
de poder continuar mirando
con los ojos del alma
a la luz de su mar Mediterráneo.

AMANDO

En el eco del universo
resuena lo que ha escrito
poniendo en lo que dice
toda la dimensión
de una verdad sincera.

Se juntan las constelaciones
más allá de este cosmos
para que pueda disfrutarse
la belleza de su palabra
en un nuevo infinito.

Hay una luz en lo más oscuro
donde se funden dos imágenes
de un mismo sentimiento
dando textura al alma
que complementa su destino.

Nadie puede contarlo
porque ya no es materia
de un entorno explicable.

El amor no se escribe,
se vive mientras se ama.
Y se ama, sin saberlo,
más allá de la vida.

ROCA DE PONIENTE

En un rincón del mundo
donde la luz se baña entre las olas,
hay un espacio para la vida
y un lugar para la belleza.

La sombra de la tarde
se pierde detrás de una roca
con los reflejos diamantinos
que las joyas del tiempo
regalan a los hombres.

El milagro de la energía
cae sobre la arena
como una fortaleza vital
que define todos los sueños:
trae la luz del sol en su costado
para que los lentiscos
modelen perlas con el aire.

Junto a la roca de poniente
hay un hombre
mirando hacia el cielo:
parece estar buscando
el origen de la luz,
la etérea textura de un suspiro
entre los brazos del amor,
el peso de una lágrima
en la mejilla del silencio,
la auténtica verdad de los humanos
a lo largo del tiempo.

Y entre las nubes se diluye
el destino de las palabras

que cuestionan la eternidad
cuando cierra los ojos
para ver la naturaleza
del resto de los hombres.

ALBA

Se ha levantado antes de que el sol nazca
del vientre de las nubes y eleve su grandeza
sobre el campo y las montañas,
entre la soledad de los hombres,
y bajo las arenas de Terreros
que esperan los brazos del agua.

Ve cómo se alza el alba cambiando los colores
de su horizonte más cercano.
Piensa que en otras latitudes
aún duerme la noche más profunda
recubriendo con su negra camisa
los anhelos de otros humanos.

Cuando el sol se levante tras el alba,
iluminará a todos cuantos sueñan
con la lucha por la existencia,
a todos los que buscan su cobijo
y se esfuerzan por ser parte del mundo,
y por entretener su soledad
con la ternura de otras soledades.

Ya sabe que todos los hombres
buscan lo mismo en todas partes,
aunque abracen otras creencias,
sean hijos de otras culturas
o el color de sus pieles
matice las telas que visten
con la diversidad de la belleza.

Cuando el sol se despierte y el alba se adormezca
en los brazos del aire, latirán con más fuerza
todos los corazones que quieran alcanzar

las luces del amor para tener constancia
de que sus ilusiones están vivas.

Mientras admira el alba que acaricia el aire
sobre la costa de Terreros,
en otros paisajes del mundo
se mueven las estelas de hombres y de mujeres
que buscan tras sus latidos
un reducto de paz para hacer más creíble
el concepto que explica
su derecho a una vida donde brille el respeto.

LA LUZ DE UNA LÁMPARA

En una esquina de su alcoba
hay una lámpara encendida
con una luz muy tenue
que ilumina el espacio
donde se oculta de la noche.

En ese pequeño reducto
hay un juego de sombras
que decora la estancia
con la intriga y el misterio.

En ese lugar se pregunta
dónde están las reglas del juego
que mantienen las sombras y la luz
sobre las cornisas del aire,
quién condiciona el desenlace
de la partida con sus trampas,
o por qué es tan difícil
describir sus fronteras.

Mira a su alrededor
y sigue observando con calma
cómo tiembla la luz
al filo de la oscuridad
igual que un cordero de niebla.

La sombra de la lámpara
camina delante de la luz,
pierde el paso en el techo
como una ilusión trasnochada,
igual que aquellas cosas
que nunca sucedieron,
esos dilemas de su vida

que quedaron sin resolver
atrapados en el pasado.

Respira con dificultad
entre las paredes de su cuarto.
No es el aire lo que le falta,
es el peso de su sombra
y el tiempo que mancilla
el brillo de la luz en sus palabras
lo que inquieta a su voz.

Ve la luz que se apaga
y le espanta el vacío
que queda tras la sombra.
El tiempo que le resta en este mundo
es un espejo de esa lámpara
que languidece muy despacio
consumiendo la luz.

Su sombra se aproxima a la nada
por el azar del juego
cuyas reglas aún desconoce,
va haciendo su camino
para cruzar una frontera
de la que nadie vuelve.

TRES MONOLITOS

Marzo regala un sol primaveral
a las plantas del parque
que se abre al cielo cerca de los jardines
donde tres monolitos
marcan la luz del horizonte
con sus sombras enhiestas.

Junto a las tres señales
que proyectan las rocas en el suelo
con las siluetas de sus formas,
un hombre se pregunta
cómo solucionar
los errores de apreciación
que pueda cometer al compartir su vida,
sin abrir en canal el corazón
y abandonarlo a la intemperie.

Recuerda algo de lo que leyó
en las páginas de la existencia
que nos fueron legando los maestros
del pensamiento y la enseñanza.

Lo suyo también ha de ser de todos
para que quien quiera aprender
de la autenticidad y del misterio,
pueda seguir su ejemplo.

Sus poemas tienen la cara
de los que escuchan el Réquiem de Mozart
y les tiembla el corazón,
de los que atesoran un sueño
con el que ganarse las nubes
que puedan dar sombra a su alma,

de los que buscan la verdad
sin miedo al escarnio.

Escribe lo que siente para que fluya el tiempo
como el agua del río de su vida.

Y después de que sus palabras
dejen extendidas sobre el papel
las señales de su camino,
tal vez, algún día, las sombras
de los monolitos del parque
puedan decir a los humildes
que toda eternidad
equivale a la vida
de un hombre bueno.

DESDE EL PICHIRICHI

Siempre que mira el espigón
que separa las playas de Terreros,
imagina los restos de un cetáceo
fosilizado con el tiempo:
parece una ballena que se quedó varada
a las puertas del cielo.

Habita en esa imagen un amigo
de la observación mágica
que pretende adueñarse
de las voces vertidas en cubetas volátiles
que afloran de la fantasía.

También es el refugio
del humilde artesano de los textos
que reflejan, sin miedo,
esas escoriaciones de la vida
arrojadas del fondo de uno mismo
que buscan la belleza
con lealtad a la existencia.

No solo es quien dibuja una ballena
varada en una roca entre la Mar Serena
y las olas de Mar Rabiosa,
sino también quien decidió
aprender a mirar dentro de su interior
para intentar decir cómo es su alma,
o cómo se ve el mundo
que le ha tocado en suerte
desde su pequeña atalaya.

Por eso, ahora, piensa en lo que pasa
al otro lado del Mediterráneo

donde rugen las ballenas de acero
entre la destrucción y la voz de la muerte.

Dibuja una paloma con las alas de arena
y la echa a volar como un símbolo de paz
desde la ballena del Pichirichi,
porque aún se mantiene erguido
frente a todas las injusticias.

UNA PÁGINA EN LAS NUBES

Escribir en el cielo
quizá sea soñar con imposibles
mientras se alza la luz
sobre los estíos de los veranos,
intentar describir
aquellas cosas que el silencio
llena de vida sosegada,
o narrar lo que condiciona
los latidos de la serenidad.

Escribir en las nubes
quizá sea ver lo invisible,
rememorar la infancia
y el misterio de los otoños
o diluir, mansamente,
los ojos en un blanco de pura fantasía,
evitando esas nubes de la realidad
que ensucian todo cuando llueve.

Escribir en el aire
quizá sea una forma de ser libre
para eludir la imposición
y su mampara de ceguera
o para sentirse, entre sueños,
como la Luna en el balcón del mundo.

Pero, quizá escribir en el cielo
en busca del tiempo perdido,
como dijo Marcel Proust,
no tenga trascendencia
en el hueco del mundo que habita la memoria,
y sea mucho más constructivo
otro modo de ver las cosas.

Es preciso escribir con los pies en la tierra
para que las palabras
ofrezcan el consuelo necesario
a quienes observan el mundo
con los ojos del corazón.

MARZO DEL VEINTIDÓS

Estos días parecen derramarse
sobre todas las cosas
como cortinas de agua
que caen sin cesar
desde hace dos semanas
y lienzos de calima
que lloran en los muros.

No recuerda un tiempo tan húmedo
desde que posee memoria
para recopilar, todo el pasado
que ha conocido, en páginas de espuma
y en imágenes aleatorias.

El clima y el mundo
proyectan un ritmo de vértigo
sobre la secuencia del tiempo
que amenaza con la locura
de lo desconocido.

En el Este de Europa
campean la barbarie de la guerra
y todas las tragedias
que es capaz de crear el ser humano,
un germen que amenaza
la presencia del hombre
sobre la faz de este planeta.

Se siente muy indefenso
y duda que detrás de la ventana
los pájaros puedan alborotarse
con su grito de paz.

No va a salir de su vivienda
para poner su cuerpo
a la intemperie de la lluvia
y sus palabras en un alegato
totalmente inservible.

Se quedará contemplando
la sombra mutilada de la angustia
que se proyecta en las paredes,
esa esencia de las soledades
que habitan nuestra Tierra
a merced de la suerte,
las páginas del miedo
que se comprenden con el alma,
los rumores de los desiertos
con dunas de metralla,
el legado de la memoria
de las guerras del mundo
y sus crueles derrotas...

Intentará poner un orden adecuado
entre sus sentimientos,
los temblores de las palabras
que adornan los espacios
de su pequeña alcoba,
y la verdad de su existencia.

V
ACOTACIONES

LA PALABRA EXACTA

Para explicar su vida
necesita encontrar
un milagro del diccionario,
una palabra exacta
que concentre la esencia de las cosas,
todo el significado
de los sentimientos profundos,
y la dimensión de los hechos
que dieron forma a lo que hoy es.

Para explicar su vida
necesita ver un motivo
junto a una cuna de madera,
quizá un objeto simple
entre la hierba y el sol,
tal vez una vivencia
en el origen de la nada,
o todos los recuerdos
que se deslizan sobre la memoria
cuando calla el silencio
y su interpretación secreta.

Para entender la raíz de lo que ha sido,
hoy busca la expresión
de aquellos sentimientos
que cercaron su vida
con unos muros insalvables
durante muchos años.

Quiere encontrar la palabra perfecta
para poder decir
todo cuanto no pudo comprender
en sus primeros años,

porque desconocía
la dimensión oculta
de las experiencias vividas
en su entorno inmediato.

Pero no encuentra la palabra,
ni el objeto o el motivo,
y ni siquiera la memoria
puede reproducir los sentimientos
o las vivencias
que marcaron su rumbo.

Solo puede alegrarse
de haber sobrevivido
mientras buscaba su refugio
en todas las palabras.

CUESTIÓN DE VIDA

Durante aquellos años
que marcaron su vida para siempre,
pudo escribir los versos
más tristes de la tierra.

Aquella juventud fue el testimonio
de quien busca belleza en el silencio,
de quien observa la agonía
y el dolor descarnado
mientras mira hacia el infinito
y describe al amor como esperanza
para cambiar las cosas que le ahogan,
o como bálsamo milagroso
que llena los vacíos de la nada
y de la soledad más absoluta,

Cuando vivía preso
del más amargo sufrimiento,
ni sabía escribir poemas
ni podía llevar a las palabras
lo que estaba viviendo.
Solo intentaba concebir
al deseo y a la dulzura
como lunas irrenunciables
de su pequeño mundo.

Hoy, cuando pasea por el parque,
ve en las flores caídas
los indicios de aquel tiempo ya pasado,
y en los tallos de los arbustos,
las garras retorcidas
de aquellos terribles inviernos
que helaron su juventud.

Ahora, ya casi todo es memoria
y su realidad es diferente
a la de quien vivió su única juventud
como una oscuridad incomprensible.

En aquellos dramáticos entornos
habría escrito los versos más tristes
que un joven pudiese expresar
con sus torpes palabras de hijo de la ignorancia.

Pero eligió pintar su alma de azul
para hacer habitable su existencia
hasta que el amor lo salvase
de la soledad y de su destino.

ENTRE CIPRESES

Es fácil cuestionar las decisiones
que se tomaron en la vida
desde la perspectiva de quien sabe
todas sus consecuencias.

Es fácil alterar los contenidos
de aquellas expresiones
que entonces describían
lo inexplicable y lo obligado.

Pero resulta muy difícil
culpar a la ignorancia
de todos los errores cometidos
cuando la senda de los años
era una huida hacia delante
sin alternativa posible.

Hoy, mientras busca formas de decir
que no sabía nada de la vida,
y, menos aún, del mundo
que rodeaba a su valle
durante sus años de juventud,
también recuerda cuando ya jugaba
a intentar escribir sobre lo ignoto
para crear su mundo: su pequeño refugio
y su esperanza para un tiempo digno.

A veces piensa en ello
mientras poda los setos de su nuevo jardín
y no encuentra otra senda
que la que tomó en el pasado
para poder construir un presente habitable.

El verde de los cipreses
es el de aquella esperanza
hoy hecha realidad,
y el de su mirada serena
hacia el presente que disfruta.

Entre los tallos de los setos
se escuchan las cigarras corear al verano
con dignidad y orgullo,
como si fuesen centinelas
que defienden su patria con sus propias palabras:
la luz del tiempo brilla igual que la memoria.

LOS MATICES DE LA ARENA

La tarde ya declina entre las olas
y las sombras ofrecen a la vista
los matices de la arena
que la luz escondía con su fuego.

El aire lame las cicatrices
del hombre que deja pasar el tiempo
en la playa de Los Nardos
como habitante de la costa
que disfruta con el paisaje
de ese relieve solitario
que muestra el mar en noviembre.

Recuerda los años terribles
en que pensaba que su vida
era desasosiego, sufrimiento
y lucha por la subsistencia,
cuando creía que todo era oscuro:
la naturaleza de su entorno,
las sombras de la noche,
los designios de la fatalidad
y los enemigos de la fortuna.

Entonces no se daba por vencido
e intentaba cubrir las terribles carencias
de sus primeros años
con nuevas oportunidades
para el amor y para el deseo
que fuesen mitad alegría
para poder seguir hacia delante,
y mitad esperanza para un futuro nuevo.

No había otro camino.

Debía dejar tras sus pasos,
envuelta en la necesidad
de un olvido vital y necesario,
a aquella sombra de negra tristeza
que cercenó su juventud
y condicionó su existencia.

Hoy se siente orgulloso
de haber vencido a la oscuridad
y a todos sus engendros.

Mira de nuevo hacia la arena
y observa los surcos
donde la sombra se refugia
de las caricias de la tarde
para ir desapareciendo lentamente
entre los brazos del olvido
y la identidad de la noche.

Y siente que todo se pierde
entre los brazos del crepúsculo
como mota de polvo
bajo los pliegues de la arena,
igual que hará su sombra
cuando llegue el momento.

ATALAYA

Levanta la mirada hasta las últimas hojas
de la vieja palmera
que señala el camino hacia la playa
y observa sus siluetas
como si formasen una atalaya
desde donde poder acomodarse
para ver la luz del Mediterráneo.

Se pierde en las tonalidades
del azul que deslinda los ocres matutinos
con que el tronco de la palmera
reta al color y al equilibrio
para componer con el aire
una canción nueva a la vida.

Si hay un destino para las hojas
de la vieja palmera,
es posible que sea hacer caricias
al cielo de Terreros
con las láminas de dulzura
que un día nacieron en los desiertos
del horizonte de Tabernas.

Nunca creyó que su destino
estaba escrito de antemano.
Siempre pensó que su presente
lo iría construyendo él mismo
con lo poco que fuese arañando a la vida.

Pero de todos los destinos
a los que se puede aspirar,
hay uno que siempre teme.
No ha podido vencer el miedo

al fatal desenlace que a todos nos espera.

Rememora cómo temblaba
cuando, en su infancia, escuchaba contar
que alguien había muerto,
y notaba el dolor o la tristeza
en las personas ya mayores.

Entonces no sabía la dimensión del hecho
que envuelve a toda muerte,
pero su terrible sospecha
le atenazaba y le sumía
en un temor desmesurado.

Para alguien que crecía
con la esperanza de vivir,
de abrir sus ojos a un horizonte nuevo,
era muy complicado
aceptar la certeza de la muerte,
su callada presencia,
esa sombra que bifurca los caminos
de la realidad y del anhelo.

Poco ha cambiado con los años:
aún se agarra a la vida
porque lo que hoy es,
solo es hoy y ahora.

UN DÍA DE LLUVIA

Llueve en la costa de Terreros
como un hecho extraordinario
que pintase los grises del cielo
con la humedad de la tristeza.

El oleaje elude el perfil del ocaso
cada vez que cabalga
a lomos de las rocas
para decorar el paisaje
con perlas peregrinas.

La espuma engulle
los filamentos del dolor,
colecciona las conchas del recuerdo
que más hiere
y se sumerge en agua
para encontrar al pez de la esperanza.

El hombre aún intenta eludir
el peso de las penas
y evitar el gesto silente
de la mordaza gris de la tristeza
que condiciona las voces del alma.

Pero el día tiñe de gris
el color fucsia de las buganvillas,
el verde desigual de los cipreses,
el blanco dc la grava dcl jardín,
esa pureza de la cal
que el polvo sahariano
ha manchado de ocre terroso,
y su propia presencia en este mundo.

Ve caer el agua en silencio,
esperando que pase la tristeza de largo,
que pronto recupere el tono
para poder hablarle al mundo
como un hombre con algo que decir
a quienes aman la belleza.

EL JARDÍN ZEN

Observa con detenimiento
esos tres monolitos
que emergen de la grava
como antorchas de piedra
dentro del jardín Zen.

Ese espacio le ofrece
una conexión con la sencillez
de los elementos primarios,
es un lugar para encontrar
la esencia de uno mismo.

El tiempo ha limado las esquirlas
de los años difíciles
y ha cauterizado las heridas abiertas
en las batallas de la vida.

La experiencia ha hecho un poso
de nuevas enseñanzas
con las marcas de la realidad.

Hubiese preferido
que alguien con gran sabiduría
le hubiese iluminado
para no tropezar en tantas ocasiones.

Pero tuvo que hacerlo
con la soledad por escudo.

Ahora sabe que la única luz
que alumbra el camino
es la que proporciona
la meditación y el conocimiento.

Y puede que el siguiente
paso de su sendero
comience muy cerca del mar.

En ese instante
estará cerca de su origen.

No pasará de largo por la vida
mientras pueda arrancarle un verso
a la materia del silencio.

EL CAMINO DE LA LUNA

La imagen que ha captado con su móvil
desde la orilla de la costa
es el reflejo de la magia
y la textura del momento
en el que la luna de julio
acaricia las olas
con sus mechones de oro.

Desde la arena
hasta la cara de la Luna
hay un camino iluminado
por el que pueden transitar
todas las ilusiones de la vida.

La senda posee una luz hipnótica
que proyecta en el interior
el origen de la esperanza
para los sueños más ocultos.

La esperanza confía en la verdad
para que pueda ser posible
que la realidad suplante al cielo.

Ese camino de la Luna
sobre las aguas del Mediterráneo
se parece a sus sueños.

Sabe que no es el único
que confía en la magia
de un instante de luz
sobre la costa de Mar de Pulpí
cuando la Luna dora la esperanza.

Y por eso camina con la mente
sobre la senda iluminada
con los brazos abiertos al destino,
como uno más de los que sueñan
con pintar un instante de oro.

MAÑANA DE AGOSTO

El sol es centinela
de la estela del tiempo
mientras sujeta las imágenes
de un verano tranquilo
al siseo de las cigarras
y al murmullo del agua.

La monotonía del aire
mece las buganvillas
con el germen de nuevos versos
que se suceden a sí mismos
como hileras de hormigas
sobre un cielo de nata.

El silencio se adueña
del polen de la mente
como los pensamientos
de las viejas neuronas
que ofrecen las ideas
a los labios del verso.

La música de las palabras
viaja por el papel
como un alegre canto
que no posee dueño.

La voz le pertenece al aire,
al espacio donde confluyen
los restos del dolor
con la luz de la vida.

Sobre las ondas del poema
se extienden las imágenes

de una nueva visión de lo que existe,
y también los retratos
de lo que no se ve.

La mañana es un poema
a la quietud del mundo
y al movimiento de lo inefable,
o, simplemente,
son palabras que aparecen de súbito
y se posan en el imaginario
de los días de agosto
para dar consistencia
al papel de cobalto
donde viven los sueños.

EFÍMERO

Bajo un brillo de luna
sobre el Mar de Pulpí,
Efímero cubre sus mesas
con la llama de la esperanza
y el aroma de los sueños
que fluyen con el tiempo
que somos en la vida.

Los sabores de América,
el dorado del maíz,
la vibrante textura
de la fruta de la pasión
y el ritmo cadencioso
de todos los licores,
conviven con la luz fugaz
de los instantes eternos.

Y aunque todo lo efímero
posea la fugacidad
de ese tiempo que pasa
casi sin trascendencia,
también puede ser duradero
como el sol en el universo
o la luz entre la belleza.

No hay belleza posible
sin momentos de luz,
igual que perdura lo breve
durante mucho tiempo.

Y cuando nace el día,
los reflejos azules
que irisa el horizonte,

levantan palomas de espuma
frente a la terraza de Efímero
para que vuele la ilusión
en quienes abren sus persianas
a una nueva aventura:
como la vida misma.

VI
HORIZONTES

ISLOTE DE TERREROS

Mantiene la mirada
sobre el islote de Terreros
y se pregunta por el rumbo
que deben seguir sus palabras
para poder llegar al puerto
de los corazones del mundo.

No sabe qué islas busca
más allá de la que tiene a la vista,
ni a qué puertos puede arribar
con su carga de fantasía
y mensajes poéticos.

Sigue a flote en su barco con la vieja esperanza
de poder entregar al aire de la tarde
toda la voz del alma.
Navega como un náufrago, agarrado al poema
que mantiene en el agua su tabla de salvación.

Siempre está a merced de los mapas del tiempo,
de las mareas que mueve la Luna,
o de los elementos que la suerte
pone en su singladura como faros.

En medio de un mar de contradicciones,
enhebra sus palabras igual que un pescador
que prepara su anzuelo mientras alza los ojos
y se emociona
con el clavel lejano de una nube.

Dentro del corazón, palpitan los recuerdos,
los años consumidos
y, también, la zozobra del cansancio.

En su mundo interior
se alarga el volumen de las palabras
hasta más allá de las olas
donde se perderán las cenizas de su vida.

Y sigue sin saber por qué razón
sus palabras anhelan un destino seguro
donde poder quedarse para siempre.

Vuelve a mirar la roca del islote
como si fuese un trabajo de Hércules
que ha quedado inconcluso:

¡Cuánto esfuerzo
para satisfacer los deseos del alma!

UNA NECESIDAD

Quizá escribir poemas
sea un simple ejercicio
en el que los inviernos
busquen la primavera
para que brote el alma,
donde la nieve sea fuente
del trigo candeal
que nutre a la belleza,
o donde las historias
de seres solitarios
nos sirvan de consuelo.

Quizá escribir poemas
sea una absoluta necesidad
para poder sentir
que somos parte del planeta
y que tiene sentido
nuestra labor silente
como notarios de lo humilde.

Quizá escribir poemas
sea ensalzar lo que tenemos
y no llorar su pérdida,
procurar que la bondad brille
o que la hierba purísima
de la naturaleza
tenga la misma sangre que los versos.

Tal vez por eso,
él camina junto a la música
de las palabras,
convierte en voz
las moléculas próximas

a lo que siente,
o transforma en poema
aquellas experiencias dolorosas
que marcaron su vida.

Lo hace
para que su existencia
pueda tener sentido,
para que sus cenizas
puedan dejar tras ellas
la virtud del tiempo vivido,
para que sus palabras
sean el cuerpo del legado
sobre el que siempre luzca
una gema de voz
rociada de ternura.

AZUL

Cuando pasea cerca de su mar
y se detiene junto a la belleza
de un instante de luz,
interpreta el color del oleaje
con las palabras que conoce.

Sus sentidos se bañan en azul
y descubren la vida
en las lentas cadencias de las olas
o en el espejo de las nubes.

Aún conserva ilusiones
con las tonalidades de ese azul,
se parecen a los conceptos
que nombran los valores
más humanos de nuestra especie.

Sueña con que los hombres
sean libres de sus negras miserias,
con que abracen la vida con respeto
al resto de los seres y a la naturaleza.

Para transmitir sus deseos,
pinta de azul índigo
la energía de sus mensajes,
y los pone a volar
como si fuesen la voz de Gandhi
o las palabras de Mandela,
igual que gestos de ternura
que tomasen la forma de unas alas
con el color del aire.

Ese azul bondadoso es el que da volumen

al agua de su mar y al aire de su alma.
También, a la luz clara de la tarde
que convierte a la arena
en un mosaico lapislázuli.

Y con la dulce magia de la vida,
tanto el mar como el cielo,
ofrecen un paisaje de azul luminiscencia
a las heridas de los hombres,
y a los entresijos del mundo.

INSTANTES MÁGICOS

Cuando usa la imaginación,
procura olvidar los malos momentos
para poder construir un mundo
mucho más habitable.

Sus ideas navegan con soltura
sobre el vientre cobalto de las olas,
perciben su materia de ave
y lo llevan en vuelo hacia el cosmos.

Vuelve al agua y nota sobre su piel
la líquida textura del océano,
el tacto de su sal reparadora,
y la grandeza del origen
de la vida en la Tierra.

Se deja llevar por la inercia
de ese momento creativo
y escribe lo que nace
de su creciente sensibilidad.

Va buscando el aire como un taray
que eleva los sarmientos
con los colores de sus hojas
hasta el pecho de la luz.

Y, sin embargo,
los productos de su imaginación
nunca son suficientes
para alejar al tiempo
de la realidad que le rodea.

La locura del mundo

acecha sus sentidos
como una fiera hambrienta.

Para evadirse del dolor
ha de confiar en el milagro
que pueda producirse
en los instantes mágicos
que definen a toda creación:
ese minúsculo momento
en el que no existen fronteras
entre la verdad absoluta
y los sueños del alma.

Pero casi nunca consigue
que la realidad burle al deseo.

UN DÍA DE ABRIL

La primavera llena con su luz
los jardines del parque,
va dando a los colores
los matices del tiempo.

Es un buen día para abandonar,
durante algunas horas,
las paredes que dan refugio
al lugar donde sus recuerdos
echan raíces en la tierra.

Las imágenes del presente
son fotogramas que se abren camino
entre las formas de la luz,
se plasman sobre el muro de los días
en que el cansancio
hace mella en su cuerpo.

La hendidura de la belleza
refulge en el hueco del alma,
entre las piedras del sendero,
las flores de las plantas
que juegan con el aire
y las aristas del silencio.

Los gorriones pintan el cielo
de alas ocres y pardas,
repiten su estribillo
como en una ópera prima
en la que hiciesen coros
a la libertad de los hombres.

Y seguirán haciéndolo

hasta que la noche les persuada
para que busquen un refugio
entre las ramas de los árboles.

Él también volverá al espacio
donde interpreta sus vivencias
con las voces del aire
cuando concluya la jornada.

Mientras tanto, la tarde cambia el tono
y el cielo se convierte
en esa arenisca grisácea
que cubre los tejados
con la realidad
más tenebrosa de los hombres.

PRIMAVERA EN LOS NARDOS

Camina al filo de las olas
con la templanza de un observador.
Compara la distancia
entre la arena y el agua
con la longitud de su vida.

El sol ilumina el paisaje
que se abre ante sus ojos
como un escenario de cuento
donde azules de Prusia,
blancos de espuma,
ocres de arena
y verdes vegetales,
dan sus tonalidades a los sueños.

La luz resbala por sus párpados
como luminiscencia
del tiempo ya vivido.

El color esmeralda
y, también, el blanco hueso,
toman forma en las flores
o dentro de su alma.

Deja atrás los recuerdos
que el pasado trae a su mente.
Construye este momento
con el volumen de la costa
y la mecánica del aire.

La belleza es una luz obsesiva
que ocupa toda su mirada.

Le deslumbra el fulgor
de la naturaleza,
la mística energía de la Tierra,
la función metafísica
que la realidad
pone en práctica con las cosas.

Ahora es parte de su entorno,
uno más de los nardos
que dejan en el aire
la seducción de los placeres
que solo la belleza
provoca en lo intangible.

TULIPANES AFRICANOS

Los tulipanes africanos
florecen en Mar de Pulpí
como un milagro poético
de la naturaleza.

Sus ramas se recubren
de un naranja vibrante
que parece inquietar al aire
con su fiel magnetismo.

Las flores se acomodan entre las hojas
como una colonia de pájaros
que celebrase la existencia
de los colores y de la belleza.

Quien las mira, se adentra en otro mundo,
en una dimensión de paz y de misterio
que fluye ante sus ojos
como un río de pétalos.

Su mirada se pierde entre la luz,
es punto de partida y de llegada,
un espacio tan próximo
a la curva del tiempo
que no tiene la posibilidad
de poder valorar su trayectoria.

Al igual que los tulipanes,
no puede ensalzar al pasado
sin la luz del presente,
ni quiere imaginar cómo será un futuro
que quizá nunca tenga.

Está en el vértice de su vida,
un punto equidistante
entre la nada y el todo.
Poco importa el pasado
y sus balbuceos de tinta.
Menos aún los laureles
de un tiempo imaginario
que quizá nunca llegue.

Solo tiene constancia del momento
en el que admira la belleza
de las flores naranjas
y nota su energía.

El magnetismo de esas flores
convierte al tulipán
en universo de emociones.
Es como una página en blanco
donde se escribe la vida
con un instante irrepetible.

SOÑAR DESPIERTO

Hay días en que nota
cómo desaparece el tiempo
igual que un mago
sobre la silueta del aire.

Cada momento de su vida
es un surco que se abre
en la inmensidad del océano
igual que los veleros
recortan las formas del agua
sobre el lecho del mar.

En esos días melancólicos,
percibe la fugacidad
de la existencia como una amenaza.
Recuerda la importancia
de cumplir con sus sueños
y de mirar lo que hace
con espíritu creativo
porque el final acecha
al extremo de la bahía.

Las horas se convierten en balandros
que acarician la brisa
con su carga de tela erosionada,
y, después, se van por el horizonte
al océano del olvido.

Entonces, imagina los mundos paralelos
donde la luz de la palabra
germina entre los labios
de todos los humanos,
esos mundos utópicos

donde el tiempo no existe
y la muerte no es un final,
sino una anécdota inventada
por un personaje de cuento.

LA ÚNICA CERTEZA

No hay nada que nos salve
del frío desenlace,
de su brutal condena,
del efímero tiempo
que muere cada día
para acercarnos al final.

Cuando presentimos el tacto
de esa última certeza,
somos seres sin consuelo,
buscamos en silencio
una ventana abierta
por la que poder evadirnos
de la cárcel perpetua.

Miramos hacia el cielo
con tristeza o esperanza,
ratificamos nuestra soledad,
nuestra insignificancia,
y nos asimos al recuerdo
para saber que hemos vivido.

La vida se convierte
en un sueño profundo
del que se quiere despertar
en una nueva infancia.

Ojalá todo fuese tan sencillo
como escribir en la pizarra
de toda nuestra vida,
que el final es un nuevo comienzo:
otra oportunidad
para vencer al tiempo
y a la muerte.

CREPÚSCULO

Desde lo alto del cerro,
las gaviotas divisan el misterio
de una tarde cobriza
que devuelve una luz
de candil oxidado al horizonte.

Cuando vuelan no intuyen
los espacios sin nombre
que quedan entre la penumbra
con esa exacta dosis de presencia
que tienen los misterios no resueltos.

Un hombre sigue a las gaviotas
que van hacia el misterio de la tarde
con una mirada incisiva.

Sabe que quien busca respuestas
a las incógnitas de su existencia
no debe ver la vida
como una huida de la realidad,
ha de abrir su mirada
hacia otras perspectivas
sin perder la visión de su verdad.

En los bucles del tiempo compartido
con otros seres de este mundo,
quizá pueda encontrarse
el contexto real de la verdad
que define a los hechos de su vida.

Y por eso se afana
en seguir las siluetas de las aves
que le muestran el camino
para llegar a comprender

el sentido real de su existencia.

Sin embargo,
el crepúsculo adquiere
los tonos de una luz viajera
y desaparece por el ocaso
para no responder a las preguntas
que se hace cada día.

El ocaso es un ave que se aleja
entre las nubes hacia la nostalgia
de lo que pudo ser y nunca fue.

LEYENDO A VALENTE

El silencio está en sus versos
como un instante de misterio
que da luz a la metafísica.

Late entre los guijarros
que tienden sus materias
hacia las caricias del mar.

Vive en el corazón del aire
que alimenta los árboles
con el flujo del movimiento.

Basta con mirar los espartos,
el azul de la costa
y el simbolismo de las piedras,
para ver sus huellas grabadas
en el relieve de Almería.

La tarde flota entre sus versos
con la sencillez intocable
de un minimalismo grandioso.

La luz conmueve las paredes
de la casa más íntima
que habita el pensamiento.

Da forma a todos los paisajes
que describe Valente
con su silencio conceptual.

GEODA

Se busca toda luz en los espejos
que reflejan el mundo conocido,
en el brillo del sol y sus destellos
de forja milenaria a fuego vivo.

También se busca dentro de la mente
mientras el corazón late despacio,
o más allá del cielo transparente
que se duerme en los ojos del espacio.

Nadie espera encontrarla en una cueva
donde el aire dispuso sus burbujas
entre las formas ocres de la tierra.

Luce allí la luz en los minerales
cuando cae la sombra entre los yesos
del origen del mundo y sus cristales.

ESPACIO ESCÉNICO

En un espacio abierto a la cultura,
resuenan las palabras y los gestos
con el don creativo de los tiempos,
alzando la voz más serena y pura.

La luz se expande como muselina,
vuela desde butacas y escenario
hacia la mente, igual que un lucernario
que proyectase el cielo en cada esquina.

Detrás de cada gesto existen puertas,
con cada arpegio se abre una ventana
y en todos los silencios nace el verso.

El aire creativo de la escena
acaricia la luz de la palabra
donde Pulpí reinventa el universo.

VII
MENSAJES

ACRÓBATA

Atreverse a pensar
es la razón de su camino.
Sin sus ideas, no es.

Sin dudar de las cosas
se convierte en un vegetal
a merced de los vientos:
una brizna de hierba
que aguarda su futuro
en el sendero de la nada.

Pretende crecer cada día,
porque sin cuestionar
lo que le imponen por la fuerza
del convencionalismo,
ni vive ni respira
el oxígeno de la libertad.

Por eso, siempre intenta
sopesar todo con cierto descaro,
dando al escepticismo
toda la lógica de la palabra
y la mesura de su mente.

Procura ser sincero
y reivindica con firmeza
el derecho a crear un nuevo mundo
hecho con razones profundas,
justas y solidarias,
un entorno habitable
para quienes comparten
su media verdad de la vida
a la luz del amor,

porque la otra media
les será arrebatada
por el cruel destino del hombre.

Es un acróbata del tiempo
que consume sus días
entre preguntas y respuestas,
alguien que busca cada noche
el rastro de un cometa
para no vivir preso
de los condicionantes
que traza la existencia.

Pero, para pensar hay que leer
el alfabeto de los humanos
en las páginas
de todas las culturas,
y le quedan muchas letras
que aún no conoce.

PALABRAS

Estas simples palabras
son para quienes se emocionan
con el ritmo vital del alba
o con una puesta de sol
tras el lecho del mar,
para quienes fomentan
esa pasión por la aventura
que les mantiene vivos,
para quienes se asombran
con la belleza del amor,
se entusiasman por el descubrimiento
de una mota de polvo
bajo la piel del mundo,
y sueñan con la luz
o con el peso de los siglos
sobre la historia de un poema.

Estas simples palabras
son para aquellos que abren sus ideas
a nuevos horizontes,
aquellos que desean comprender
la naturaleza del ser humano,
los que quieren un futuro mejor
para esta sociedad de seres solitarios
que construyen su mundo
frente al abismo y la impostura.

Y, por eso, si estas palabras
llegan a algún remoto lugar de este planeta,
y prenden en el alma
de alguien a quien le hayan robado
la esperanza y el presente,
si consiguen que esa persona

pueda tener la fuerza necesaria
para dar un impulso a su propio camino,
quien escribe este texto
se sentirá muy orgulloso.
Habrá realizado su gran sueño.

QUEDA EL AMOR

Los latidos del pecho
van cosiendo el velamen
de un barco muy dañado
por la furia de las tormentas,
el temible calor de los estíos
y el frío visceral de los inviernos.

Ya sabe que, al final,
su barco se hundirá
en las aguas remotas del silencio,
sucumbirá al furor del tiempo,
se inclinará ante la terrible
guadaña de la muerte
y será pasto del olvido.

Cree que su naufragio
no será una pérdida notable
para la sociedad
que hoy gobierna el mundo,
pero tal vez lo sea
para quienes le tengan
en su memoria.

Y para ellos,
escribirá un poema
en los rescoldos del crepúsculo,
un texto que ensalce al amor
sobre todas las cosas,
que le dé nombre a la noche y al día.

Lo dejará en el agua,
dentro de una botella,
para que se resguarde de las llamas

que consumirán su velero.

Procura seguir siendo
un hombre fiel a su voluntad de entrega
a quienes han estado de su lado
en las jornadas más difíciles,
porque queda el amor que se ha dado
sin pedir nada a cambio:
sobrevive al resplandor de la muerte
con lealtad al poema
que habla del sentimiento más profundo,
de la única verdad indescifrable
y de la fortaleza del cariño.

REFUGIO

Las palabras permiten que sus ojos
se conviertan en ágiles corceles
y que galopen por las sendas
que trazan los poemas.

Puede leer el paisaje del alma
que se oculta a los ojos,
la identidad del hombre,
hecho de corazón y de sosiego,
que las ha escrito.

Con ellas encuentra la daga
que hunde al escepticismo
en su conciencia
hiriendo a las certezas
con su filo de dudas.

Con ellas fortalece
su vieja voluntad de sacrificio
y la perseverancia en el esfuerzo
que tan solo poseen
los que provienen de la nada.

Las trabaja con la humildad
de un joven alfarero
que asume sus errores
y procura enmendarlos.

Va modelando el recipiente
donde guardará los poemas
junto al clavel de su conciencia,
y da forma a sus propias creaciones
con la arcilla del mundo

o el volumen de su alma.

En cada verso crece la hierba
que nutre la experiencia
y la sabiduría de los hombres.

Las palabras son su refugio,
la cálida mirada del romántico
que quiere convertir todas las sombras
en espacios de luz y de esperanza.

ESPERANZA

Quizá esta tarde no sea propicia
para mirar hacia el pasado,
más bien, sea un recurso
para tentar al tiempo
con una posibilidad remota
de que exista un futuro
para su esencia de hombre creativo.

Recuerda cómo fueron
las circunstancias de su vida
hasta poder contar con el entorno
y la tranquilidad precisa
para escribir con calma
sobre lo que le preocupa.

Sabe que la literatura
le salvó de su cruel destino,
de la vorágine más negra,
fue su refugio milagroso
durante sus primeras décadas.

Desde entonces,
tiene claros los códigos del poema,
muestra lo que sintió
con estrofas que retan al pasado
de aquel niño que habitaba
en la luz cenital de la farola
que ilumina a los pobres.

Lo hace para zurcir la vida
y ponerla al aire.
Así protege sus poemas
del agua melancólica

que humedece sus alas
cuando recuerda
lo que tuvo que ser y jamás fue.

Hoy se acerca con prudencia a la luz
para exponer los sentimientos
que recubren su piel
con el óxido del dolor.

Espera que el aire ponga
la música del verso a sus palabras,
y que el poema lleve su mensaje
hacia ese lugar, donde la esperanza
y el esfuerzo de los humildes,
hacen realidad los sueños
que transforman al mundo.

TEMPUS FUGIT

Esta tarde se extiende bajo el cielo
como una alfombra
bordada de nostalgias
con el hilo de oro
de los años vividos.

Un sol tibio pinta el ocaso
con la pulpa de las naranjas
y la humedad del aire.
La sombra se atempera entre los árboles
igual que una nube de seda.

Casi sin percibirlo,
va llegando a sus ojos
la vieja oscuridad con que la noche
acoge a los humanos.

Su tiempo es la memoria
del hombre que regresa
a la luz de la tarde,
al color del ocaso
o a la sombra del cielo,
como si nada hubiese sucedido.

LUNA LLENA

La luna recubre las calles
con su tinta de sombra
y su papel de escarcha.

El viento silba en las esquinas
una canción que imita a las palabras
como un truhán que alerta a los oídos
para que la memoria
se ponga su traje de gala.

En mitad de la noche,
toda una vida pasa junto al lecho
de quien escucha al aire
mientras ve entrar por la ventana
los brazos de la Luna.

Y al igual que la luz
del astro centinela de los sueños,
lo mejor de su vida
duerme a su lado
con el calor de la nobleza.

OTOÑO

El otoño transporta entre sus días
un lienzo casi nuevo
para poder pintar un cuadro impresionista
cuando el aire deja sin hojas
a los árboles de los bosques.

Sobre ese lienzo universal,
imagina autopistas
llenas de transeúntes
en viaje permanente
hacia la verdad y la ausencia
de todo lo perdido,
escenas de personas
que ocultan sus lamentos
por no hallar lo imposible
al final de sus días.

Se ve como una de esas sombras
trazadas en el lienzo
con los colores del otoño,
un hombre que camina por el bosque
arrastrando las hojas
con las que ha escrito
su paso por el mundo.

UN INSTANTE

Mira el agua del lago
mientras piensa que el tiempo
seguirá siendo quien vea pasar
todas las estaciones
como un centinela del aire
con vocación eterna.

Ve el reflejo de su alma
en la escarcha de la hierba.
Siente frío,
pero continuará su rumbo
al filo de las horas,
dando forma a los sueños
mientras le quede luz en las retinas.

Llegará el día
en que se alargarán las sombras
y un lobo ensangrentado
hundirá sus mandíbulas
en el interior de la vida
para seguir su instinto
y acabar con su tiempo.

Entonces ya será parte del aire
y cuando la tarde se duerma
entre los brazos de la noche,
podrá decir al mundo
que la luz de un instante de la vida
puede ser el reflejo de toda eternidad.

PROPÓSITOS

Después de mirar hacia el cielo
al final del paseo litoral
que los jardines engalanan
con su gama de verdes,
vuelve a casa con ojos renovados
para recrear los paisajes
que hay, al otro lado de la belleza,
en los mapas del mundo.

Piensa en la soledad de los más débiles,
en la sombra del poder absoluto,
en el frío de la discordia,
en las terribles marcas que la realidad
deja en los soñadores,
en los museos donde se implementa
la arqueología del miedo,
en la naturaleza de los hombres.

Se abrigará del frío de las calles
y procurará que el otoño
le vea cumplir años con fuerzas renovadas
para seguir creando.
Leerá a los viejos maestros
para que sus palabras abran grietas
por las que entre la luz al interior de la mente.
Pondrá los primeros cristales
al lucernario del poema
que aún late en su pecho.

Y cuando haya cumplido sus propósitos,
volverá a mirar hacia el cielo
en algún lugar de la costa.

BAÑO AL ALBA

Nada dentro del agua del mar Mediterráneo
rodeado por la belleza
de la luz que es espejo de los cielos.

Nada como esas algas
que no esperan al sol ni al viento
para ondularse en el lecho del mar
con una coreografía
que también interpretan las gaviotas.

Nada como los peces
que pasan cerca de sus manos,
como quien sueña con el agua
y termina por ser agua marina.

Nada siendo consciente
de la necesidad de cuidar el planeta,
como un marino con sal en la piel
que avista tierra al otro lado
de su aventura por el cielo.

Nada poco antes de que el sol
cambie los colores del horizonte,
con los vientos en calma,
a salvo de corrientes traicioneras,
como sierpe de vid en los fondos marinos
o rama de olivo que flota
en la crisálida del mar.

Todo su cuerpo se conecta
con esa energía del mundo
que hizo pensar a Ulises
en el paraíso de todos los dioses

durante el tiempo que une
al alba con el día. En un instante,
renacen los colores,
y una escarcha de luna
deslizándose por su piel,
le confirma que el alba
ha vencido a las sombras.

Y vuelan por sus venas
las mariposas de la vida.

AHORA

Ahora que el tiempo conoce
como son los rincones
más enigmáticos del alma
que acompaña a su cuerpo,
continúa leyendo y contemplando
la inmensidad del mundo.

Ahora que comprende
que la textura de la tierra
contiene, casi siempre,
la materia completa de las cosas,
continúa leyendo y contemplando
la diversidad del planeta.

Ahora que sospecha
que no somos los únicos
habitantes del universo
que miran hacia las estrellas,
continúa leyendo y contemplando
la insignificancia de los hombres.

Ahora que es momento
para pasar las páginas
de todo lo vivido
con la templanza que da el tiempo,
continúa leyendo y contemplando
los vacíos que deja la ignorancia.

Ahora que ya sabe
que en los labios del alma
los besos ya no queman como antes,
continúa leyendo y contemplando
la intimidad de los secretos

como puertas al infinito.

Ahora que su vida
va tomando la forma de una elipse
por haber leído y contemplado,
sabe que hoy es ahora,
que ayer ya no existe
y que mañana, quizá no sea.

BRISA DE PONIENTE

Cuando lleguen sus últimos instantes
y observe su legado
antes de convertirse en un paisaje
donde reine el silencio de la muerte,
ha de estar muy seguro
de haber hecho lo necesario
para que su vida deje huella
en quienes le han amado.

Habrá sido el ejemplo
de un hombre hecho a sí mismo
con la constancia por bandera
y el sacrificio por escudo.
Su voluntad de aprendizaje
y su lucha contra la adversidad,
le habrán convertido en un espejo
para quienes respeten
la luz de las palabras
y su pasión por la cultura.

Habrá coleccionado las estampas
de esa realidad que observan los poetas
en las cosas sencillas
para poder hablar de las complejas.

Habrá ofrecido su experiencia,
sus anhelos y su ternura,
su dolor y su alegría,
para dar su versión de lo vivido,
todo lo que su alma siempre supo,
esa verdad del corazón
que deja a la intemperie
la identidad del ser humilde

cuando se comparte lo que uno es
ante los ojos de la gente.

Solo entonces, su cuerpo
será parte del aire
que deja a todos los nacidos
en los umbrales de la nada.
Y podrá abandonar la faz del mundo
con su sueño cumplido.

Será el momento
de poder escuchar la voz del aire
con los restos de su alma
entre la brisa de poniente.

ÍNDICE

I
Mar de Pulpí, 9

II
Interludio, 31

III

Momentos, 51

IV

Panorámicas, 75

V

Acotaciones, 97

Ediciones Vitruvio

Colección Baños del Carmen

Últimos libros publicados:

Poesía completa, de Álvaro Pombo

En busca de Shaun-Mor, de José Luis Ariel Méndez

Al final del principio, de Andrés Carlos López Herrero

Poesía completa, de Blanca Sarasua

Amor Maduro Busca, de Ambrosio Gallego

Mamá se vá, de Federico Jiménez Asenjo

Tú llegarás a mi ciudad vacía, de Daniel López Acuña

Los amarillos ojos de la bestia, de Angélica Morales

Traslúcida, de Fernando Pastor Mata

Sonetos de amor y de agonía, de Jaume Mesquida

Diálogo, de Lander Sánchez

Que no nos pase nada, de Federico Jiménez Asenjo

Fiebre del olvido, de Leonardo David Segado

Luz de labio con el beso dentro, de Pedro Villarejo

Luces en la sombra, de María José Pérez Grange

Vivo en la carretera, de Emilio Alonso

Con el paso del tiempo, de Elena de Jongh

Hambre y sed de paraíso, de José Ramón del Canto

Cajas, de Nieves Viesca

La sangre en dos orillas, de Pablo Villa

Para saber que existo, de Karlos Linazasoro

Esta es la noche, de Jesús Ayet

Entre la herida y la sombra, de Sonia María Riera Gata